T0123843

Website _____

Username _____

Password _____

Notes _____

_____

_____

_____

Website _____

Username _____

Password _____

Notes _____

_____

_____

_____

Website _____

Username _____

Password _____

Notes _____

_____

_____

_____

A

Website _____

Username _____

Password _____

Notes _____

_____

_____

_____

———•———

Website _____

Username _____

Password _____

Notes _____

_____

_____

_____

———•———

Website _____

Username _____

Password _____

Notes _____

_____

_____

_____

Website _____

Username _____

Password _____

Notes _____

_____

_____

_____

———————————◦———————————

Website _____

Username _____

Password _____

Notes _____

_____

_____

_____

———————————◦———————————

*"A flower does not think of
competing with the flower
next to it. It just blooms."*

Zen Shin

Website

Username

Password

Notes

_____

Website

Username

Password

Notes

_____

Website

Username

Password

Notes

Website _____

Username _____

Password _____

Notes _____

_____

_____

_____

———————o———————

Website _____

Username _____

Password _____

Notes _____

_____

_____

_____

———————o———————

Website _____

Username _____

Password _____

Notes _____

_____

_____

_____

"There are no rules you can follow. You have to go by instinct and you have to be brave."

Whitney Otto

Website

Username

Password

Notes

Website

Username

Password

Notes

Website _____

Username _____

Password _____

Notes _____

_____

_____

_____

————————o————————

Website _____

Username _____

Password _____

Notes _____

_____

_____

_____

————————o————————

Website _____

Username _____

Password _____

Notes _____

_____

_____

_____

B

Website _____

Username _____

Password _____

Notes _____

_____

_____

_____

———————o———————

Website _____

Username _____

Password _____

Notes _____

_____

_____

_____

———————o———————

Website _____

Username _____

Password _____

Notes _____

_____

_____

_____

C

Website _____

Username _____

Password _____

Notes _____

_____

_____

_____

_____

Website _____

Username _____

Password _____

Notes _____

_____

_____

_____

_____

Website _____

Username _____

Password _____

Notes _____

_____

_____

_____

_____

C

Website _____

Username _____

Password _____

Notes _____

_____

_____

_____

———————o———————

Website _____

Username _____

Password _____

Notes _____

_____

_____

_____

———————o———————

Website _____

Username _____

Password _____

Notes _____

_____

_____

_____

Website _____

Username _____

Password _____

Notes _____

_____

_____

_____

Website _____

Username _____

Password _____

Notes _____

_____

_____

_____

Website _____

Username _____

Password _____

Notes _____

_____

_____

_____

C

Website

Username

Password

Notes

Website

Username

Password

Notes

Website

Username

Password

Notes

D

Website _____

Username _____

Password _____

Notes _____

_____

_____

_____

———o———

Website _____

Username _____

Password _____

Notes _____

_____

_____

_____

———o———

Website _____

Username _____

Password _____

Notes _____

_____

_____

_____

D

Website

Username

Password

Notes

"*Look closely at the present you are constructing: it should look like the future you are dreaming.*"

Alice Walker

Website

Username

Password

Notes

D

Website _____

Username _____

Password _____

Notes _____

_____

_____

_____

———o———

Website _____

Username _____

Password _____

Notes _____

_____

_____

_____

———o———

Website _____

Username _____

Password _____

Notes _____

_____

_____

_____

D

Website

Username

Password

Notes

Website

Username

Password

Notes

Website

Username

Password

Notes

Website

Username

Password

Notes

E

———o———

Website

Username

Password

Notes

———o———

Website

Username

Password

Notes

E

Website _____

Username _____

Password _____

Notes _____

_____

_____

_____

———○———

Website _____

Username _____

Password _____

Notes _____

_____

_____

_____

———○———

Website _____

Username _____

Password _____

Notes _____

_____

_____

_____

Website _____

Username _____

Password _____

Notes _____

_____

_____

_____

E

———————o———————

Website _____

Username _____

Password _____

Notes _____

_____

_____

_____

———————o———————

Website _____

Username _____

Password _____

Notes _____

_____

_____

_____

E

Website _____

Username _____

Password _____

Notes _____

_____

_____

_____

———○———

Website _____

Username _____

Password _____

Notes _____

_____

_____

_____

———○———

Website _____

Username _____

Password _____

Notes _____

_____

_____

_____

Website _____

Username _____

Password _____

Notes _____

_____

_____

_____

F

———•———

Website _____

Username _____

Password _____

Notes _____

_____

_____

_____

———•———

Website _____

Username _____

Password _____

Notes _____

_____

_____

_____

F

Website _____

Username _____

Password _____

Notes _____

_____

_____

_____

_____

Website _____

Username _____

Password _____

Notes _____

_____

_____

_____

_____

Website _____

Username _____

Password _____

Notes _____

_____

_____

_____

_____

"Creativity is seeing what everyone else has seen and thinking what no one else has thought."

Albert Einstein

———o———

Website _____

Username _____

Password _____

Notes _____

_____

_____

_____

———o———

Website _____

Username _____

Password _____

Notes _____

_____

_____

_____

F

Website _____

Username _____

Password _____

Notes _____

_____

_____

_____

———○———

Website _____

Username _____

Password _____

Notes _____

_____

_____

_____

———○———

Website _____

Username _____

Password _____

Notes _____

_____

_____

_____

Website _____

Username _____

Password _____

Notes _____

_____

_____

_____

G

———○———

Website _____

Username _____

Password _____

Notes _____

_____

_____

_____

———○———

Website _____

Username _____

Password _____

Notes _____

_____

_____

_____

G

Website

Username

Password

Notes

Website

Username

Password

Notes

Website

Username

Password

Notes

Website _____

Username _____

Password _____

Notes _____

_____

_____

_____

G

————————o————————

Website _____

Username _____

Password _____

Notes _____

_____

_____

_____

————————o————————

Website _____

Username _____

Password _____

Notes _____

_____

_____

_____

G

Website

Username

Password

Notes

Website

Username

Password

Notes

Website

Username

Password

Notes

Website _____

Username _____

Password _____

Notes _____

_____

_____

_____

H

———○———

Website _____

Username _____

Password _____

Notes _____

_____

_____

_____

———○———

Website _____

Username _____

Password _____

Notes _____

_____

_____

_____

"In joy or sadness
flowers are our constant friends."

Okakura Kakuzō

H

Website

Username

Password

Notes

Website

Username

Password

Notes

Website

Username

Password

Notes

———————o———————

Website

Username

Password

Notes

———————o———————

Website

Username

Password

Notes

Website _____

Username _____

Password _____

Notes _____

_____

_____

H _____

———————o———————

Website _____

Username _____

Password _____

Notes _____

_____

_____

_____

———————o———————

Website _____

Username _____

Password _____

Notes _____

_____

_____

_____

Website

Username

Password

Notes

Website

Username

Password

Notes

Website

Username

Password

Notes

Website

Username

Password

Notes

I

———○———

Website

Username

Password

Notes

———○———

Website

Username

Password

Notes

Website

Username

Password

Notes

_____

Website

Username

Password

Notes

_____

Website

Username

Password

Notes

J

Website

Username

Password

Notes

Website

Username

Password

Notes

Website

Username

Password

Notes

Website

Username

Password

Notes

Website

Username

Password

Notes

Website

Username

Password

Notes

K

Website

Username

Password

Notes

Website

Username

Password

Notes

Website

Username

Password

Notes

Website _____

Username _____

Password _____

Notes _____

_____

_____

_____

———○———

"People will forget what you said.
People will forget what you did.
But people will never forget
how you made them feel."

Maya Angelou

———○———

K

Website _____

Username _____

Password _____

Notes _____

_____

_____

_____

Website

Username

Password

Notes

———○———

K

Website

Username

Password

Notes

———○———

Website

Username

Password

Notes

Website

Username

Password

Notes

———o———

Website

Username

L

Password

Notes

———o———

Website

Username

Password

Notes

Website

Username

Password

Notes

————o————

L

Website

Username

Password

Notes

————o————

Website

Username

Password

Notes

Website _____

Username _____

Password _____

Notes _____

_____

_____

_____

L

Website _____

Username _____

Password _____

Notes _____

_____

_____

_____

Website _____

Username _____

Password _____

Notes _____

_____

_____

_____

Website

Username

Password

Notes

Website

Username

Password

Notes

Website

Username

Password

Notes

Website _____

Username _____

Password _____

Notes _____

_____

_____

_____

———o———

Website _____

Username _____

Password _____

M

Notes _____

_____

_____

_____

———o———

Website _____

Username _____

Password _____

Notes _____

_____

_____

_____

Website _____

Username _____

Password _____

Notes _____

_____

_____

_____

———•———

Website _____

Username _____

M

Password _____

Notes _____

_____

_____

_____

———•———

Website _____

Username _____

Password _____

Notes _____

_____

_____

_____

Website _____

Username _____

Password _____

Notes _____

_____

_____

_____

———o———

Website _____

Username _____

Password _____

Notes _____

_____

_____

_____

M

———o———

Website _____

Username _____

Password _____

Notes _____

_____

_____

_____

Website _____

Username _____

Password _____

Notes _____

_____

_____

_____

———————o———————

Website _____

Username _____

M

Password _____

Notes _____

_____

_____

_____

———————o———————

Website _____

Username _____

Password _____

Notes _____

_____

_____

_____

Website

Username

Password

Notes

Website

Username

Password

Notes

Website

Username

Password

Notes

Website _____

Username _____

Password _____

Notes _____

_____

_____

_____

———•———

Website _____

Username _____

Password _____

N

Notes _____

_____

_____

_____

———•———

*"Be the change you want
to see in the world."*

Mahatma Gandhi

Website

Username

Password

Notes

—————o—————

Website

Username

Password

Notes

N

—————o—————

Website

Username

Password

Notes

Website

Username

Password

Notes

———○———

Website

Username

Password

Notes

N

———○———

Website

Username

Password

Notes

Website

Username

Password

Notes

---o---

Website

Username

Password

Notes

O

---o---

Website

Username

Password

Notes

Website

Username

Password

Notes

Website

Username

Password

Notes

O

Website

Username

Password

Notes

Website _____

Username _____

Password _____

Notes _____

_____

_____

_____

———— o ————

Website _____

Username _____

Password _____

Notes _____

_____

_____

P

_____

———— o ————

Website _____

Username _____

Password _____

Notes _____

_____

_____

_____

Website _____

Username _____

Password _____

Notes _____

_____

_____

_____

———————o———————

Website _____

Username _____

Password _____

Notes _____

_____

P

_____

_____

———————o———————

Website _____

Username _____

Password _____

Notes _____

_____

_____

_____

"A flower blossoms for its own joy."

Oscar Wilde

———○———

Website _____

Username _____

Password _____

Notes _____

_____

_____

_____

———○———

Website _____

Username _____

Password _____

Notes _____

_____

_____

_____

Website _____

Username _____

Password _____

Notes _____

_____

_____

_____

——————•——————

Website _____

Username _____

Password _____

Notes _____

_____

_____

_____

Q

——————•——————

Website _____

Username _____

Password _____

Notes _____

_____

_____

_____

Website _____

Username _____

Password _____

Notes _____

_____

_____

_____

———————●———————

Website _____

Username _____

Password _____

Notes _____

_____

_____

_____

———————●———————

R

Website _____

Username _____

Password _____

Notes _____

_____

_____

_____

Website _____

Username _____

Password _____

Notes _____

_____

_____

_____

—————————o—————————

Website _____

Username _____

Password _____

Notes _____

_____

_____

_____

R

—————————o—————————

Website _____

Username _____

Password _____

Notes _____

_____

_____

_____

Website

Username

Password

Notes

Website

Username

Password

Notes

S

Website

Username

Password

Notes

Website _____

Username _____

Password _____

Notes _____

_____

_____

_____

———◦———

Website _____

Username _____

Password _____

Notes _____

_____

_____

_____

———◦———

S

Website _____

Username _____

Password _____

Notes _____

_____

_____

_____

Website _____

Username _____

Password _____

Notes _____

_____

_____

_____

———————o———————

Website _____

Username _____

Password _____

Notes _____

_____

_____

_____

———————o———————

S

Website _____

Username _____

Password _____

Notes _____

_____

_____

_____

Website

Username

Password

Notes

Website

Username

Password

Notes

S

Website

Username

Password

Notes

Website _____

Username _____

Password _____

Notes _____

_____

_____

_____

———————•———————

Website _____

Username _____

Password _____

Notes _____

_____

_____

_____

———————•———————

*"When you educate a girl,
you begin to change the face of a nation."*

Oprah Winfrey

T

Website

Username

Password

Notes

Website

Username

Password

Notes

T

Website

Username

Password

Notes

Website

Username

Password

Notes

---○---

Website

Username

Password

Notes

---○---

Website

Username

Password

Notes

T

Website

Username

Password

Notes

————○————

Website

Username

Password

Notes

————○————

Website

Username

Password

Notes

Website _____

Username _____

Password _____

Notes _____

_____

_____

_____

———————o———————

Website _____

Username _____

Password _____

Notes _____

_____

_____

_____

———————o———————

Website _____

Username _____

Password _____

Notes _____

_____

_____

_____

U

Website _____

Username _____

Password _____

Notes _____

_____

_____

_____

"Love is all you need."

John Lennon

U

Website _____

Username _____

Password _____

Notes _____

_____

_____

_____

Website

Username

Password

Notes

Website

Username

Password

Notes

Website

Username

Password

Notes

V

Website _____

Username _____

Password _____

Notes _____

_____

_____

_____

———————o———————

Website _____

Username _____

Password _____

Notes _____

_____

_____

_____

———————o———————

Website _____

Username _____

Password _____

V Notes _____

_____

_____

_____

Website _____

Username _____

Password _____

Notes _____

_____

_____

_____

———————○———————

Website _____

Username _____

Password _____

Notes _____

_____

_____

_____

———————○———————

Website _____

Username _____

Password _____

Notes _____

_____

_____

_____

W

Website _____

Username _____

Password _____

Notes _____

_____

_____

_____

—————•—————

Website _____

Username _____

Password _____

Notes _____

_____

_____

_____

—————•—————

Website _____

Username _____

Password _____

Notes _____

W

_____

_____

_____

Website _____

Username _____

Password _____

Notes _____

_____

_____

_____

———————o———————

Website _____

Username _____

Password _____

Notes _____

_____

_____

_____

———————o———————

Website _____

Username _____

Password _____

Notes _____

_____

_____

_____

X

Website _____

Username _____

Password _____

Notes _____

_____

_____

_____

———————o———————

Website _____

Username _____

Password _____

Notes _____

_____

_____

_____

———————o———————

Website _____

Username _____

Password _____

Notes _____

_____

X

_____

_____

> *"I will go pick daisies and have a happy heart."*

Kimber Annie Engstrom

Website

Username

Password

Notes

Website

Username

Password

Notes

Y

Website

Username

Password

Notes

Website

Username

Password

Notes

Website

Username

Password

Notes

Y

Website

Username

Password

Notes

Website

Username

Password

Notes

Website

Username

Password

Notes

Website _____

Username _____

Password _____

Notes _____

_____

_____

_____

———•———

Website _____

Username _____

Password _____

Notes _____

_____

_____

_____

———•———

Website _____

Username _____

Password _____

Notes _____

_____

_____

_____

Z